AF483017

OBSERVATIONS

SUR LE MÉMOIRE

DE MADAME DE SAINT-VINCENT,

INTITULE' REPROCHES.

POUR M. le Maréchal Duc de Richelieu,
Pair de France, Accusateur.

CONTRE Madame DE SAINT-VINCENT,
Accusée.

Depuis dix-huit mois, l'audace & les intrigues
suspendent par mille artifices différens le moment
redoutable où les oracles de la Justice doivent ré-
soudre le problême scandaleux & absurde que les
Accusés ont osé lui presenter. Leur cabale impru-
dente insultoit les Magistrats eux-mêmes lorsqu'elle

A

ofoit publier qu'elle trouveroit dans fes artifices affez
de reffources pour éternifer la procédure, & pour
enlever à M. le Maréchal de Richelieu la trifte fatif-
faction de venger lui-même fon honneur.

La fageffe de la Juftice a trompé ces efpérances
criminelles ; fes Arrêts préparatoires ont écarté tous
les incidens multipliés par lefquels on cherchoit
à enchaîner fes opérations. Elle a féparé la dé-
nonciation téméraire d'une famille, entraînée par
la paffion d'un Chef qui veut la précipiter dans une
action auffi infructueufe pour elle-même, que pour
la coupable qu'elle ne pourroit jamais juftifier. La
Plainte en fubornation, qui n'étoit qu'un piege pour
éloigner le Jugement du fond, y eft jointe ; les nullités, par lefquelles on s'efforçoit d'anéantir une preuve
acquife & trop redoutable, ont été profcrites, & la
foible partie de la procédure, que les droits facrés de
la Pairie ont fait rejetter, étant refaite & achevée,
la Cour fe trouve enfin en état de paffer au Jugement
du fond, & à la vifite du procès.

C'eft encore pour retarder cette vifite, que Madame de S. Vincent hafarde un nouvel incident fous le
titre de *Reproches* contre les témoins. La forme judiciaire exige que ces reproches foient jugés préliminairement & avant de lire les dépofitions. Ces
reproches portant auffi contre les Experts, dont la
dépofition eft une des principales preuves du corps
du délit, il devient encore plus néceffaire de les juger préliminairement.

C'eft auffi le premier objet dont M. le Maréchal de

Richelieu va s'occuper. En répondant uniquement à celui des deux nouveaux Mémoires de son Adversaire, qui porte le titre particulier de *Reproches*, il réservera pour un autre moment la Réplique qu'il destine au Mémoire qui a pour objet le fond même.

Mais avant d'entrer dans ce detail, il est absolument nécessaire de poser quelques principes, & de présenter quelques Observations préliminaires qui contribueront à simplifier infiniment la défense de M. le Maréchal de Richelieu sur ce point.

OBSERVATIONS PRÉLIMINAIRES.

Un Accusé a quatre moyens différens de se défendre contre la preuve testimoniale qu'on lui oppose.

Les reproches contre les témoins.

La discussion de leur déposition au fond.

L'accusation de faux témoignage, qui peut résulter quelquefois de la discussion même du fond de la déposition.

Enfin l'accusation de subornation.

Ces quatre moyens de défense different autant en la forme, qu'au fond.

Le reproche des témoins est une chose totalement différente des trois autres moyens.

Le reproche est un moyen tiré uniquement de la qualité ou de la personne du témoin , & qui porte sur des faits qui rendent sa déposition tellement suspecte, qu'elle doit être rejettée sans être lue. Tels sont les reproches qui se tirent de l'infamie , de la qualité de parent ou d'allié, de l'âge & de toutes les autres qualités que les Loix admettent comme reproches valables.

Le reproche est un moyen tellement indépendant du fond même de la déposition, qu'il doit être proposé par l'Accusé avant de connoître le fond de cette déposition, & qu'il doit être jugé avant de lire la déposition.

Lorsque l'Accusé paroît à la confrontation devant le témoin, le juge doit commencer par les interpeller *s'ils se connoissent* (Ordonnance de 1670, titre 15, art. 14). Le Juge doit ensuite faire lecture des premiers articles de la déposition concernant le nom, l'âge, la qualité & demeure du témoin, &c. (*ibid.* art. 15); après quoi il interpelle l'Accusé de fournir sur le champ ses reproches, si aucuns il a, & l'avertit qu'il n'y sera plus reçu, après avoir entendu la lecture de sa déposition (*ibid.* art. 16). L'Accusé n'est plus reçu à fournir de reproches, après qu'il a entendu la lecture de la déposition (*ibid.* art. 19). Il n'y a d'exceptions à cette regle, que lorsque les reproches sont justifiés par écrit, (*ibid.* art. 20).

Toutes ces regles prouvent évidemment que le reproche ne peut être tiré que de la qualité du témoin & des faits extérieurs à sa déposition, & conséquemment que c'est un moyen totalement indépendant de ceux que l'Accusé peut tirer du fond même de la déposition. Aussi le reproche doit-il être jugé avant de prendre lecture de la déposition qui doit être rejettée sans être lue, si le reproche est fondé. C'est

ce qui eſt encore établi par le procès-verbal de l'Ordonnance de 1670, tit. 13, art. 1.

Quoique le reproche ſoit rejetté, l'Accuſé n'en
conſerve pas moins le droit de diſcuter le fond de la
dépoſition ; mais c'eſt un ſecond genre de défenſe
qui ne peut être examiné qu'en jugeant le fond.

La diſcuſſion du fond a pour objet de prouver que
la dépoſition eſt ou indifférente, ou erronée, ou même
fauſſe : ce dernier caractere peut conduire quelquefois à la plainte en faux témoignage, quand il eſt
prouvé que la fauſſe dépoſition n'a point pour principe une erreur, mais un deſſein prémédité de nuire.

L'accuſation de faux témoignage ne conduit pas
encore néceſſairement à celle de ſubornation. Un témoin peut avoir dépoſé faux ſans avoir été ſuborné,
parce que ſa dépoſition fauſſe peut avoir un principe
totalement étranger à l'Accuſateur, tel que l'inimitié, ou l'intérêt perſonnel, l'indiſcrétion, l'erreur,
un zele même non provoqué.

Madame de Saint-Vincent affecte de confondre
toutes ces idées. Elle paroît propoſer des *reproches*,
c'eſt le titre de ſon Memoire ; il eſt le ſeul objet préliminaire dont la Cour ait à s'occuper. Cependant
elle confond perpétuellement le moyen de reproche
avec les moyens qu'elle prétend tirer du *fond même*
de la dépoſition, pour en détourner l'effet, ou pour
en prouver la *prétendue fauſſeté*, & avec les faits
qu'elle allegue pour établir la *ſubornation* qu'elle
ſuppoſe.

Ce n'eſt pas ſans raiſon qu'elle confond toutes ces

idées : elle reconnoît aujourd'hui la témérité de fa plainte en fubornation ; fes propres Confeils l'ont jugée fur ce point, puifque dans la Confultation imprimée qui eft à la fuite de fon Mémoire intitulé *Reproches*, ils difent que *les reproches font fi victorieux, qu'elle n'a pas befoin de faire fuite de fa plainte en fubornation.* Ceft abandonner adroitement cette plainte téméraire.

Mais fi *les reproches font fi victorieux*, qu'elle n'a pas befoin de fuivre fa plainte en fubornation, elle doit donc fe retrancher à établir des reproches ; elle doit perdre de vue des faits qui ne feroient relatifs qu'à la prétendue fubornation. L'*effet de ces reproches victorieux* devant être de faire rejetter les dépofitions fans les lire, il ne peut plus être queftion d'en examiner le mérite au fond.

Si Madame de Saint-Vincent confond perpétuellement les quatre idées de reproches, de fubornation, de dépofition impuiffante ou fauffe, ce n'eft que parce qu'elle ne peut fe diffimuler qu'il n'y a aucun de ces moyens qui, pris féparément, puiffe faire la moindre impreffion, & qu'elle s'imagine en impofer aux Magiftrats par l'appareil faftueux d'une déclamation outrée, & qui n'a befoin que d'être décompofée pour s'évanouir & fe diffiper.

Les Magiftrats ne donneront point dans ce piege groffier ; la Loi leur trace la route dont ils ne peuvent s'écarter.

Ils n'ont à juger d'abord, que le point de favoir s'il exifte des reproches capables de les autorifer à rejetter les dépofitions fans les lire.

Si ces reproches n'exiftent pas, ils auront à pefer enfuite le mérite des dépofitions, à juger fi elles font impuiffantes, ou fauffes, ou fubornées.

Ne les détournons point nous-mêmes de la route légale, en fuivant Madame de Saint-Vincent dans fes écarts, & bornons - nous par cette raifon à difcuter les prétendus reproches qu'elle propofe, confidérés comme fimples reproches, en nous réfervant de difcuter les autres parties de fa défenfe, lorfqu'il s'agira du fond même.

Difcuffion des prétendus reproches propofés contre les témoins.

Nous ne nous arrêterons point fur ce que Madame de Saint-Vincent appelle fes prétendus *reproches généraux*. Le parallele infidieux qu'elle fait entre cette affaire & deux autres qui lui font auffi étrangeres qu'à M. le Maréchal de Richelieu, ne peut fervir qu'à prouver le fanatifme de fa défenfe. Il eft même injurieux à la Cour des Pairs, à laquelle on reproche d'avoir *fufpendu, par l'abus du crédit, la plainte en fubornation*, & à laquelle on repréfente, fous le titre de *reproches généraux*, des faits & des allégations qu'elle a déja profcrites fous le titre de nullités.

Paffons à l'examen des reproches particuliers que l'on propofe contre chaque témoin.

Réproches contre les deux Experts.

Quarante-fept pages de ce Mémoire font em-

ployées à établir ces prétendus reproches ; mais lorfque l'on parcourt cette difcuffion énorme , on y reconnoît avec étonnement , que tous les efforts de
l'Accufée fe tournent à décompofer les dépofitions,
à en examiner les différentes parties , & à foutenir
qu'elles font impuiffantes au fond, comme erronées,
contradictoires ou abfurdes.

Nous répondrons directement à tous les fophifmes,
la plupart ridicules , qui compofent cette differtation
monftrueufe. Nous ne pouvons cependant nous re-
fufer, dès-à-préfent, à une obfervation auffi fimple
que décifive.

Le calcage des douze fignatures appofées au bas
des billets , eft le point capital de cette affaire. Les
fignatures font fauffes, fi elles ne font point de la main
de M. le Maréchal de Richelieu , & fi elles ont été
calquées fur une véritable, par une main étrangere.
Si les fignatures font fauffes , les *bons pour*, les lettres
produites par Madame de Saint-Vincent, le font néceffairement. M. le Maréchal de Richelieu n'a point
approuvé une fignature fauffe qu'il ignoroit. Il n'a
point reconnu par des lettres des titres qui n'exif-
toient point.

La fauffeté des fignatures eft donc le point capital
de cette affaire. C'eft auffi celui contre lequel Madame de Saint-Vincent réunit fes plus grands efforts.
*La contrefaction d'une fignature , par le contretirement
à la vitre*, eft, fuivant elle, une chofe abfurde & impoffible. Les raifonnemens, les differtations, font ac-
cumulés pour établir cette propofition.

Nous

Nous nous réservons de faire voir l'abfurdité, &
même le ridicule de la plupart de ces fophifmes.
Bornons-nous, quant-à-préfent, à une feule réponfe
faite pour fubjuguer tous les efprits.

Nous favons qu'une foule de perfonnes, depuis l'é-
clat de cette affaire, ont eu la curiofité de vérifier par
elles-mêmes la poffibilité de l'opération : elles y ont
réuffi. Peut-être plufieurs des Magiftrats, jaloux d'é-
clairer leur religion dans une affaire auffi importante,
en auront-ils tenté eux-mêmes l'épreuve. Si le public,
qui ne l'a fait que par efprit d'impartialité, a reconnu
par fa propre expérience la poffibilité de l'opération ;
fi nos Juges ont raffuré leur propre confcience par
une épreuve perfonnelle, nous pouvons abandonner
toutes les differtations *favantes* qu'on nous oppofe à
leur propre futilité. Il n'y a point de raifonnement
qui puiffe détruire un fait.

En voilà fuffifamment pour prévenir tout efprit im-
partial, contre les fophifmes que Madame de Saint-
Vincent accumule ; un feul mot fuffit pour les écarter
quant-à-préfent. Il s'agit *de reproches propofés* contre
les Experts ; or tous les raifonnemens qu'on emploie
contre le fond de leur dépofition, ne font point *des
reproches contre leur perfonne*, & des moyens capables
de faire rejetter leurs dépofitions fans les lire. On
pefera ces moyens lorfque l'on jugera le fond ; ils
font étrangers au préliminaire actuel, dès-lors qu'ils
ne dégenerent point en reproches.

Bornons-nous donc à ce qui, dans toute cette
longue differtation du Mémoire, peut avoir quelque

rapport à ce que la Loi & la Jurifprudence connoiffent fous le titre de reproches.

» *Paillaffon* eft, dit-on, l'éleve de *Guillaume*, qui » a été employé dans la procédure de Rennes. Lui » & fon confrere *Pottier* ont vu plufieurs fois *Guil-* » *laume* & *Liverloz*, qui avoient fait un premier rap- » port miniftériel. Les deux Experts fe font trouvés » avec le Sr. Marion Intendant de M. de Richelieu ».

Voilà à quoi fe réduifent toutes les objections du Mémoire, en tant qu'elles peuvent dégénérer en *un reproche*, c'eft-à-dire, en un moyen tiré de la qualité des Experts.

Mais tous ces faits ont été déja propofés comme moyens de nullités, & ont été rejettés. Les réfle-xions les plus fimples fuffifent en effet pour en faire fentir toute la futilité.

1°. Qu'importe de qui *Paillaffon* eft l'éleve ? Quand il feroit l'éleve de *Guillaume* ? Quand on au-roit à réprocher à ce Guillaume les malverfations les plus graves ? Depuis quand eft-il établi en principe, que celui, dont la main a été formée dans l'art de l'é-criture, a néceffairement fucé les vices du maître, & que le cœur du diffiple doit être préfumé pervers, parce que fa main a été formée par un maître dont l'ame étoit corrompue ?

Mais le fait n'eft pas même exact. Paillaffon n'eft ni l'éleve de Guillaume, ni même du pere de celui-ci, comme on veut l'infinuer par une miférable équi-voque. Paillaffon eft l'éleve de fon propre pere ; voilà ce qu'il a mis en fait, & ce fur quoi on ne rapporte aucune preuve contraire.

2°. Quant au fait des visites respectives des Experts entr'eux, & du sieur Marion aux Experts ; nous ignorons ce que les Experts ont déclaré à ce sujet dans leurs dernieres confrontations. Telle est l'inégalité de la procédure criminelle, que l'accusé acquiert lors du récolement & de la confrontation, la connoissance entiere de toutes les charges, qui restent absolument inconnues à l'accusateur. Madame de Saint Vincent a déja abusé de cette circonstance, pour faire imprimer dans ses premiers Mémoires, en lettres italiques, de prétendues questions faites aux témoins lors des confrontations au Châtelet, & de prétendues réponses qui n'ont jamais existé. D'après cette épreuve de sa mauvaise foi, nous ne pouvons compter sur la sincérite de ce qu'elle annonce aujourd'hui, comme sortant des confrontations des Experts, & nous ne pouvons que prévenir les Magistrats, de se tenir en garde contre ses assertions suspectes.

Mais quand nous supposerions parfaitement exactes les déclarations qu'elle suppose avoir été faites par les Experts lors de leurs dernieres confrontations, qu'en résulteroit-il ?

Paillasson est convenu, dit-on, *que Guillaume est venu le trouver au Greffe pendant qu'il travailloit à la vérification, pour lui demander des pieces concernant l'Académie d'écriture ; qu'il a vu souvent Guillaume à l'assemblée de sa Communauté, chez lui, en sortant du Châtelet, au Palais Royal, & tous les Dimanches dans une société ; mais qu'il ignore l'ouvrage & l'avis extra-*

judiciaire de son Confrere , & que celui-ci ne l'a point dirigé dans ses opérations.

Quoi ! parce que Guillaume avoit été chargé par le Miniſtre, de faire un rapport extrajudiciaire, & que Paillaſſon a été chargé enſuite de faire un rapport judiciaire ſur le même objet, le commerce du feu & de l'eau aura été interdit entre ces deux Experts, néceſſairement liés par les relations de leur art, des affaires de la Communauté, & de leurs anciennes ſociétés ? Quoi ! parce que ces deux Experts ſe feront rencontrés ſouvent par une ſuite de ces relations dans l'eſpace de dix-huit mois, *avant ou depuis le rapport judiciaire ,* on en conclura que l'ouvrage de l'un, n'eſt que la ſuite des impreſſions de l'autre ; on tirera cette conſéquence, lorſque Paillaſſon affirme avoir *ignoré* l'ouvrage de l'autre, & n'avoir point été *dirigé* par lui, lorſqu'il n'exiſte pas la moindre trace de ce fait, le ſeul qui pût former un prétexte de reproche ! Il faut être bien dénué de moyens pour avoir recours à des puérilités de ce genre.

Mais Potier ! on ne lui reproche point d'avoir vu Guillaume. Quel eſt donc le fait ſur lequel on le reproche ? C'eſt, dit-on, parce que lui, ainſi que Paillaſſon ont vu trois fois le ſieur Marion ; mais comment & à quelle occaſion ? *Une premiere fois, lorſqu'il vint leur annoncer qu'ils étoient nommés Experts ; une ſeconde fois de rencontre au Palais Royal, où ils n'ont fait que ſe ſaluer ; une troiſieme fois au Châtelet, lorſque M. le Maréchal s'y eſt tranſporté , pour y former le corps d'écriture qui avoit été ordonné, accompagné de son Intendant.* De ces trois rencontres, deux étoient de nécessité, la seconde de hasard ; & voilà les faits graves par lesquels on prétend suspecter la foi de deux Experts nommés d'office, & à la probité desquels on ne peut rien reprocher. Quelle dérision !

Mais, dit-on, le rapport de ces deux Experts n'est qu'une répétition de celui de Guillaume & de Liverloz. Il seroit sans doute difficile que quatre Experts s'expliquant sur le même faux, ne se fussent pas rencontrés dans leurs motifs. Si cela n'étoit pas, on en tireroit avantage contre les rapports, & on en tireroit des conséquences contre la certitude de leur art. Lorsqu'ils se seront rencontrés dans les motifs, on en conclura qu'ils se sont entendus pour commettre eux-mêmes un faux atroce ? Si une pareille défense est capable de faire impression en Justice, qu'on nous dise donc comment on pourra désormais parvenir à faire adopter un rapport d'Experts ?

Au surplus, sur quoi Mme de S. Vincent se fonde-t-elle pour avancer que le second rapport n'est qu'une *répétition* du premier ? M. de Richelieu, qui n'a vu ni l'un ni l'autre, l'ignore. Madame de Saint-Vincent a entendu la lecture de celui de Paillasson & de Pottier ; mais elle ne sait pas plus que nous ce que contient le premier, puisqu'elle se plaint qu'il n'est point au procès. Comment peut-elle donc affirmer *que l'un* n'est que la répétition de l'autre ?

Mais il y a plus : le fait qu'elle articule, quoiqu'elle ne puisse le connoître, est une chose imposfible. Les premiers Experts n'ont eu fous les yeux qu'un feul des billets, & que la feule prétendue lettre à Benavent. C'étoient les feules pieces qui fuffent connues, lors de ce rapport extrajudiciaire. Les Experts nommés au Châtelet fe font au contraire expliqués fur les douze fignatures des billets, & fur les vingt-deux lettres attribuées à M. le Maréchal de Richelieu. Il eft donc impoffible que des rapports qui avoient des objets fi différens, foient une répétition les uns des autres. Il eft même impoffible que les premiers Experts aient apperçu le contre-tirement des fignatures, qui ne s'eft découvert que par la confrontation des fignatures entr'elles, puifqu'ils n'ont pas pu comparer des pieces qu'ils n'avoient pas.

A l'égard des déclamations auxquelles on fe livre fur la prétendue fuppreffion du premier rapport : les Magiftrats qui ont déjà délibéré fur cet objet, connoiffent les faits, & M. de Richelieu, qui a juftifié fa conduite, doit déformais s'impofer filence fur une imputation déjà difcutée & rejettée.

Reproches contre les fieurs Clermont & Doumain.

On reproche à Clermont d'avoir concerté avec le fieur Marion la fubornation des témoins, & d'avoir fpéciatlement pratiqué celle de Doumain.

Mais Madame de Saint-Vincent oublie en ce moment le confeil qu'elle a reçu d'abandonner fa plainte en fubornation, pour s'en tenir à fes *reproches victorieux.*

Si ce ne font que des reproches qu'elle entend propofer, qu'elle ne nous parle donc plus de fubornation.

Si elle prétend oppofer, comme reproches contre Clermont, qu'il a fuborné d'autres témoins ; qu'elle prouve donc le fait de la fubornation, ce qui ne peut être qu'en donnant fuite à fa plainte.

Mais au furplus, à quoi fe réduit donc cette prétendue fubornation repiochée à Clermont ?

Dire qu'*il a concerté la fubornation des témoins en général*, fans fpécifier aucuns faits, fans les coter, fans en offrir la preuve ; c'eft fe livrer gratuitement à une déclamation infruétueufe.

Bornons-nous à ce qui concerne la prétendue fubornation particuliere de Doumain.

Celui-ci avoit reconnu, dit-on, au Fort-Lévêque, la vérité de la fignature des billets ; il s'agiffoit de l'engager à ne le plus faire, lorfqu'il feroit entendu. Pour cela, Clermont lui a rendu des vifites fréquentes ; il lui a fait entendre qu'il dépendoit de M. de Richelieu de lui procurer une liberté, dont il n'étoit privé que par ordre du Roi : mais il lui a fait entendre que cette liberté avoit un prix. Il lui a donné des louis à plufieurs fois. Tout cela avoit pour objet de l'engager à ne pas *convenir qu'il avoit reconnu les fignatures pour véritables, & même à charger Canron du faux.*

Ne nous arrêtons point à obferver que dans ces faits mêmes il n'y en a pas un feul de relatif à M. de Richelieu, & qui fuppofe que Clermont ait agi par ſes ordres. Allons droit à la difficulté. On reproche Clermont comme un ſuborneur de témoins. Voyons donc en quoi conſiſte la ſubornation qu'on lui reproche.

Clermont & Doumain, ayant été tous deux au ſervice de M. de Richelieu, avoient contracté des liaiſons d'amitié. Le ſecond, détenu au Fort-Lévêque, pour une cauſe étrangere à l'Affaire, fait inviter & ſolliciter Clermont à venir le voir, & à venir le ſecourir dans la plus affreuſe miſere. Clermont ſe rend aux vives inſtances de ſon ancien ami : il eſt touché de ſa ſituation ; il lui prête *de ſa bourſe*, de l'argent, & en tire *des reconnoiſſances*. Voilà à quoi ſe réduit cet argent offert pour prix d'une ſéduction. C'eſt un ſervice rendu ſous un titre obligatoire.

Mais un autre intérêt plus vif anime encore Clermont, & naît au milieu de cette correſpondance. Doumain avoit eu des liaiſons avec Canron, qui étoit vivement ſoupçonné : Clermont craint que ſon ami ne ſoit compliqué. Il imagine au moins qu'il peut avoir des connoiſſances ſur une affaire qui lui paroiſſoit enveloppée de nuages; il l'exhorte, il lui écrit de *dire la vérité*, de dire *ce qu'il ſait*. Voilà un ſingulier genre de ſubornation, que celui qui ſe borne à demander à quelqu'un, *de dire la vérité, de déclarer ce qu'il ſait*.

Mais il lui a fait entendre que ſa liberté ſeroit à ce prix. On ignore ſur quel fondement Clermont a pu faire une promeſſe qui étoit au moins indiſcrete. Doumain n'étoit point détenu à raiſon de cette affaire.

faire. M. le Maréchal de Richelieu n'avoit point entre les mains fa liberté ; mais qu'importe au furplus, fi Clermont a promis la liberté à Doumain ? Ce n'a été que pour l'engager à dire une *vérité*, qu'il croyoit importante à M. de Richelieu.

A quoi aboutit toute cette prétendue féduction ? Doumain n'a rien dit, *parce qu'il ne favoit rien ; il n'a point chargé Canron*, & il étoit fort indifférent à M. de Richelieu, qu'il reconnût ou non fa fignature ; parce que comme on l'a dit vingt fois, une fignature calquée trompera prefque toujours au premier coup d'œil, & parce que ce genre de faux fera fouvent très-difficile à prouver, fi le Fauffaire n'a pas eu l'imprudence de multiplier des fignatures dont l'identité démafque le procédé.

Reproches contre Me Dumoulin, Notaire.

Tout ce que l'on oppofe à ce témoin, depuis la page 64 jufques & compris la page 69, ne porte que fur le fond de fa dépofition. On prétend affoiblir le poids du jugement qu'il a porté à l'infpection de toutes les pieces réunies, en y oppofant la reconnoiffance qu'il avoit faite d'une fignature ifolée. Ce Notaire a expliqué naturellement ces deux jugemens différens, d'après l'effet néceffaire des impreffions que doit faire une fignature imitée par le contretirement, lorfqu'elle eft préfentée feule à une perfonne qui n'eft point *prévenue* (c'eft-à-dire qui n'a aucune raifon de la fufpecter, & aucun des moyens néceffaires pour

C

en faire une vérification efficace à l'inſtant). On ſe
joue ridiculement ſur ce mot *prévenu*, employé par
Mᵉ Dumoulin dans ſes confrontations. On s'écrie
que ces réponſes ſont celles d'un homme *prévenu par
l'Intendant de M. de Richelieu*, & qui lui a diƈté ſes
réponſes.

De pareilles chicanes ſont trop mépriſables pour
atteindre un homme public, dont la réputation ré-
pond à la confiance que la délicateſſe de ſon état
exige.

Reproches contre la Dame de Saint - Jean & le fieur Dumas.

Voilà deux témoins bien importans, ſans doute,
puiſqu'ils dépoſent *de viſu*, du faux *accepté* mis ſur le
mandat, qui devroit être le titre original de Madame de Saint-Vincent, & dont les autres ne pour-
roient être que l'échange.

Le fieur Julien en dépoſe auſſi perſonnellement;
cependant il n'eſt point compris dans le reproche.

Diſons mieux, on n'en préſente aucun contre le
fieur Dumas.

A l'égard de la Dame de Saint-Jean, on dit que
*par reſpeƈt pour le nom qu'elle porte, on ne relevera point
les reproches perſonnels qui lui ont été faits*, puiſqu'elle
ne nous les fait point connoître, nous n'y pouvons
rien répondre. S'il y a eu des reproches réellement
propoſés, la Dame de Saint-Jean y aura répondu
elle-même, & la Cour y pourra ſtatuer.

Voici cependant un reproche perfonnel , dont Madame de Saint-Vincent n'a pas cru devoir faire grace à ce témoin. « Elle eft convenue , dit on, *que* » *M. de Richelieu s'étoit donné la peine dé lui aller* » *rendre vifite , pour l'engager à dépofer.* Voilà une » fubornation. Il fuffifoit d'envoyer *un Huiffier* fom- » mer cette Dame de dépofer ». On conçoit qu'il feroit avantageux à Madame de Saint-Vincent, que la Jurifprudence admît de pareilles preuves de fubor- nation, & même de pareils reproches ; mais on ne craint pas que la Juftice établiffe pour elle feule cette Jurifprudence, qu'il n'eft pas permis à un Accufa- teur de prévenir une perfonne à qui l'on peut devoir quelques égards , qu'il fe trouve dans la néceffité de l'appeller en témoignage, ni même de voir le témoin, pour apprendre de lui s'il fait quelque chofe de re- latif à l'Affaire.

Tout le refte de l'article qui concerne la Dame de Saint-Jean & le fieur Dumas , n'eft qu'une dif- cuffion du fond même de la dépofition.

Leurs dépofitions font, dit-on, relatives à un faux qui ne fait point l'objet de l'accufation , & qui con- cerne une piece anéantie. L'acceptation n'étoit point faite dans l'objet d'un faux , puifque l'on n'y avoit même pas figné le vrai nom du fieur *Peixotto.* Toute cette opération n'étoit qu'une plaifanterie , &c. &c.

Nous approfondirons par la fuite ces vains échap- patoires. Nous ferons voir que la fauffeté du premier mandat eft une dépendance néceffaire de notre plainte en faux , puifque ce mandat feroit néceffairement le germe des billets argués de faux ; que la suppression de ce premier titre n'empêche point qu'on ne prononce sur sa fausseté, que l'acceptation portoit le vrai nom de *Peixotto* ; nous examinerons enfin le mérite de la prétendue plaisanterie, qui forme le dernier subterfuge. Contentons-nous d'observer ici que tout cela ne concerne que le fond de la déposition, & ne présente point d'objet de reproche contre la personne du premier témoin.

Reproches contre les sieurs Combette & Canron.

Des reproches contre Canron ! Ce n'est point un témoin, c'est un co-accusé.

Mais non ; quoique Canron soit accolé dans le titre du reproche, ce n'est point lui qui est reproché ; c'est le sieur Combette. « Ce témoin est suspect, » parce que, dit on, c'est un *ingrat* qui a oublié les » services que lui a rendu Madame de Saint-Vincent ; parce que c'est lui qui a *recruté* les témoins » de Milhau ; parce que c'est lui qui a enfin *sollicité* » Canron de s'accuser lui-même du fait de la fausse » acceptation de Peixotto ».

Nous ignorons en quoi consistent les grands services que Madame de Saint-Vincent a pu rendre au sieur de Combettes ; c'est à lui à s'expliquer sur ce point : mais ce que nous pouvons assurer, c'est que plus les obligations qu'il pourroit avoir à la Dame de Saint-Vincent seroient grandes, moins sa déposition deviendroit suspecte. Nous savons que les Loix admettent comme un reproche l'inimitié ; mais nous n'en connoiſſons aucune qui rejette la dépoſition contre l'accuſé, quand le témoin lui étoit attaché par les liens de la reconnoiſſance.

Quant au *recrutage* des témoins, c'eſt un fait vague, deſtitué de preuves, & qui tombe, par cela ſeul qu'il n'eſt point juſtifié.

Reſte donc le fait de la *ſubornation* de Canron. C'eſt la premiere fois qu'on entend propoſer ſérieuſement en Juſtice ce nouveau genre de ſubornation, qui conſiſte à engager un accuſé à confeſſer ſon crime. Au ſurplus, nous n'ignorons point que le ſieur Combette a été voir pluſieurs fois Canron dans ſa priſon ; mais nous ſavons auſſi qu'il n'y a été qu'après en avoir été pluſieurs fois *ſollicité, par écrit*, de la part de cet accuſé ; le ſieur Combette aura ſans doute repréſenté ces lettres, qui écartent de lui les ſoupçons odieux dont on veut le couvrir.

Que s'eſt-il paſſé dans ces viſites ? Canron a-t-il ouvert ſon cœur à un homme en qui il avoit toujours eu la plus grande confiance ? Celui-ci a-t-il répondu que rien ne pouvoit l'empêcher de rendre hommage à la vérité ? Nous ignorons tous ces détails.

Mais quand ils exiſteroient, jamais de pareils faits ne formeroient un objet de reproche contre ce témoin, qui n'auroit rien fait dans tout cela, que de très-légitime & de très-honnête.

Madame de Saint-Vincent n'a pas le moindre commencement de preuves, que le ſieur Combette ait engagé Canron à s'accuſer ſous la promeſſe de ſa li-

berté. Une pareille affertion tombe par fa propre abfurdité. Eût-il été au pouvoir de M. de Richelieu,
de procurer la liberté à un accufé qui auroit avoué
fon crime ? Il auroit fallu pouffer l'imbécilité au dernier période, pour tomber dans un pareil piége.

Reproches contre le fieur de Roquetaillade.

Ici (au moins fi l'on retranche l'imputation vague
d'être menteur par habitude) les faits préfentés par Madame de Saint-Vincent femblent annoncer des reproches un peu plus pertinens.

Cependant fi on les examine avec réflexion, on
n'en trouvera aucun qui puiffe former un reproche
légal.

1°. Le fait pour lequel il a été décrété, & même
condamné par contumace, ne confiftoit que dans une
rixe, peut-être inexcufable; mais qui ne forme point
un de ces délits, capable d'attaquer la probité, &
conféquemment la foi du témoin. D'ailleurs le Jugement eft par *contumace.* Il eft des principes qu'un
Jugement même infamant, ne produit point un
moyen de reproche contre un témoin, lorfqu'il eft
encore dans les cinq ans. Le fieur de Roquetaillade
prétend qu'il exifte un compromis entre lui & fa Partie adverfe fur l'appel de la Sentence.

2°. Nous n'avons point vu le Mémoire imprimé,
qui rend compte, dit-on, de l'efcroquerie qu'on reproche à ce témoin : mais ce qu'il faudroit produire,
ce feroit un Jugement fur ce fait. Les Mémoires de

Madame de Saint-Vincent prouvent trop bien qu'une *imputation* n'eſt pas un *preuve*.

3°. Le ſieur de Roquetaillade a nié le fait de l'eſcroquerie que Madame de Saint-Vincent a prétendu avoir éprouvée perſonnellement de ſa part. La lettre qu'elle s'eſt fait écrire par le ſieur de Terrelonge, n'eſt point une preuve légale & admiſſible. Au ſurplus la mauvaiſe foi a pu diđer toutes ces imputations faites par Madame de Saint-Vincent au ſieur de Roquetaillade, & on eſt fondé à le croire, lorſqu'on la voit avancer hardiment qu'il a été chaſſé des Gardes-du-Corps, quoiqu'il ait détruit ce reproche à ſa confrontation avec cette Dame, en y faiſant annexer ſon congé & ſon certificat qui caraĉtériſent une retraite honnête & volontaire de ſa part.

Au reſte tous ces reproches contre ce témoin particulier, ſont aſſez indifférens à M. de Richelieu. Il ſe contentera d'obſerver, 1°. qu'il ignoroit tous ces faits, lorſqu'il a adminiſtré ce témoin ; 2°. que ſa dépoſition, ſi l'on en juge par ce qu'en dit Madame de Saint-Vincent elle-même, ne paroît pas fort importante au procès.

Reproches contre le ſieur Antoine, Médecin.

L'inimitié eſt ici le titre du reproche. C'eſt ſans doute un reproche de droit ; mais où eſt la preuve de cette inimitié dans ce fait ?

Madame de Saint-Vincent la tire de ce que le témoin s'eſt ſervi de ces expreſſions dans ſa dépoſition :

24

fâché & piqué vivement de cette fouberie, outré de cette impudence. Mais il eft certainement permis de fe fâcher d'une fourberie, & il eft abfurde de dire qu'un témoin eft devenu l'ennemi de l'accufé, parce qu'il avoue qu'il a été indigné du faux dont il dépofe, & d'une action qui dégénéroit à fon égard en un baffouage humiliant.

Reproches contre la Demoifelle Auvray & le fieur Nerboneau.

Ces deux témoins font accolés, parce qu'ils dépofent du même fait important, d'une fauffe lettre de la Prieure du Couvent, où féjournoit Madame de Saint-Vincent, & fuppofée par celle-ci.

A l'égard du fieur Nerboneau, le reproche qui le concerne eft motivé fur un feul fait. *Il a reçu, dit-on, cinquante louis des émiffaires de M. le Maréchal.*

Voilà fans doute un fait bien grave. On pourroit répondre qu'il n'en exifte pas le moindre commencement de preuve ; que Madame de Saint Vincent varie elle même fur la fomme : elle avoit d'abord dit *cent louis*, dans fa plainte en fubornation ; aujourd'hui elle fe réduit à 50. Enfin, que le fieur Nerboneau jouit d'une réputation tellement affermie, qu'elle le met beaucoup au-deffus d'un reproche auffi ridicule.

Mais un feul mot va trancher. Madame de Saint-Vincent, à la confrontation, interpellée de fournir fes reproches, n'en a préfenté aucun contre ce témoin.

moin. Elle a au contraire rendu un témoignage au-
thentique à sa probité reconnue ; elle n'est donc plus
recevable à propoſer contre lui aucuns reproches, ſi
elle ne les juſtifie *par écrit* ; & il eſt inconcevable qu'a-
près être demeurée muette vis-à-vis de la Juſtice,
elle oſe haſarder dans un Mémoire public une imputation auſſi atròce.

Les reproches ſont plus multipliés contre la Demoiſelle Auvray. 1°. « L'on a rendu compte, dit-on,
» *de ſa conduite*, lors de la confrontation. 2°. Elle eſt
» fille d'un homme qui, depuis trente ans, eſt l'*A-*
» *gent* de M. de Richelieu. 3°. On a débité à Paris
» les dépoſitions de Poitiers, un mois avant qu'elles
» fuſſent faites. 4°. Ce témoin & les autres de Poitiers
» ont été pratiqués par le Receveur du Grenier à ſel
» de Châtelleraud. 5°. On a différé de clorre les dé-
» poſitions des Experts, après l'arrivée de celles de
» Poitiers, pour détourner l'idée que celles-là ont
» ſervi de modele à celles de Poitiers.

2°. Nous ignorons ſi la Dame de Saint-Vincent
a oſé renouveller devant MM. les Commiſſaires,
les propos licentieux, qu'elle s'étoit permis au Châtelet, devant un Juge qu'elle croyoit pouvoir in-
ſulter lui-même. Le ſilence qu'elle s'impoſe aujour-
d'hui, nous fait croire que l'aſpect des Commiſſaires de la Cour des Pairs, lui en a impoſé davantage.
Quoi qu'il en ſoit, nous nous rendrions nous-mêmes coupables d'une diffamation atroce contre une
Demoiſelle née dans le ſein d'une famille honnète,
& dont la conduite a toujours répondu aux leçons

D

& aux exemples de vertu qui lui ont été donnés, fi nous nous permettions de répondre aux viles calomnies dont on a cherché à la noircir. Nous abandonnons cette partie du reproche au fecret auquel Madame de Saint-Vincent la condamne elle-même. La Cour, qui verra la nature de ce reproche (s'il exifte encore) en pefera la valeur ; & c'eft à fa fageffe qu'il eft refervé de venger l'innocence outragée, dans un âge où l'on n'a pas même l'idée du crime qu'on lui reproche.

3°. Quant à la qualité d'*Agent* de M. de Richelieu, que l'on fuppofe au fieur Auvray, elle ne feroit point un reproche admiffible contre la fille, tant parce que cette qualité ne forme point un état de Domefticité, que parce qu'en matiere criminelle, cet état même n'autorife point à reprocher les témoins néceffaires.

Mais, dans le fait, la qualité qu'on attribue au fieur Auvray, n'a jamais exifté. Il n'a jamais été chargé des affaires de M. le Maréchal. Il étoit, eft encore, Secretaire de l'Intendance. S'il avoit été prié de fe charger de préparer à Poitiers l'appartement que devoit y occuper Madame de Saint-Vincent, ce feroit un fervice qu'il lui auroit rendu, & non à M. le Maréchal.

4°. Les trois derniers reproches feroient plutôt des faits de fubornation, que des objets de reproche.

Comme moyens de fubornation, ils feroient puérils ; il n'exifte aucune preuve que les dépofitions de Poitiers aient été annoncées à Paris un mois avant. Quand cela feroit, qu'y auroit-il d'étonnant? Un Accufateur ne rend plainte d'un fait, & n'appelle des témoins, que parce qu'il a connoiffance du fait, & qu'il fait que les témoins qu'il indique en font inftruits.

Le fecond fait n'eft pas plus prouvé que le précédent. Au furplus, il eft permis à un Accufateur de s'informer des faits dont il fe propofe de faire preuve, & de prendre préalablement toutes les inftruĉtions qui peuvent l'en affurer. *Suborner* un témoin, c'eft l'engager à dire ce qu'il ne fait pas. Ce n'eft point fuborner des témoins, de s'informer de ce qu'ils favent.

A l'égard du dernier fait, il eft ridicule. Les dépofitions des Experts n'ont aucun rapport avec celles de Poitiers. Les Experts ont décidé par l'infpeĉtion des fignatures, qu'elles étoient néceffairement calquées. Les témoins de Poitiers ont attefté, qu'ils avoient vu Madame de Saint Vincent s'occuper à cette opération criminelle. La premiere dépofition prouve le corps du délit; la feconde l'applique à Madame de Saint-Vincent, par l'habitude où elle la conftitue d'opérations femblables; mais les dépofitions ont un objet tout différent.

Quant à l'obfervation fur la date de la dépofition des Experts, elle fuppofe un faux qui compromettroit les Officiers qui l'ont reçue; & au furplus l'intervalle de *fix jours* n'eft pas même fuffifant, pour que les dépofitions reçues à Poitiers, euffent été expédiées, & fuffent arrivées à Paris, avant la clôture de celles des Experts.

Vainement prétend-on échapper à cette réfléxion en obfervant que Guillaume & Liverloz avoient quatre mois avant *inventé le calcage à la vitre*. Nous avons déjà obfervé que cela eft impoffible, puifque les premiers Experts, lors de leur rapport extrajudiciaire, n'avoient fous les yeux, qu'un feul des billets faux, & la prétendue lettre à Benavent.

Mais encore un coup, toutes ces allégations ne dégénereroient qu'en moyens de fubornation ; & Madame de Saint-Vincent oublie que ce genre de défenfe eft totalement différent de celui des reproches. Ses Confeils ont décidé que fa plainte en fubornation devenoit *inutile*, attendu les *reproches victorieux* qu'elle eft en état de propofer. Qu'elle fe reftreigne donc à ces reproches.

Il eft vrai que, bien convaincue elle-même de la futilité de ces reproches, ici, comme vis-à-vis de tous les autres témoins, elle fupplée au défaut de reproches, par des obfervations tirées du fond même de la dépofition : mais c'eft intervertir toutes les formes. Le moment n'eft pas venu de difcuter le fond ; vous parlez de reproches qui doivent faire rejetter les dépofitions fans les lire, & nous nous bornons, quant à préfent, à prouver qu'il n'en exifte aucun.

Reproches Contre les Dames de la Martiniere & de la Godiniere, & contre la Demoifelle Metayer.

Nous nous laffons d'obferver qu'il ne s'agit point

encore du fond des dépofitions, mais des moyens de reproches.

Voici à quoi fe réduifent ceux propofés contre ces trois témoins.

« 1°. Les dépofitions des Experts, ont fervi de » bafe à celles-ci. 2°. Leurs dépofitions étoient an- » noncées à Paris un mois avant. 3°. La Dame de » la Martiniere eft féparée de fon mari. 4°. La Da- » me de la Godiniere a été pourfuivie en adultere » par fon mari. »

N'oublions point d'obferver qu'il ne s'agit plus dans ces reproches, de l'argent qu'on prétendoit avoir été reçu par les témoins, & les autres qui ont été entendus à Poitiers. *Cet argent reçu,* n'étoit autre chofe que le paiement *de la taxe judiciaire,* qui leur avoit été faite : auffi ce fait eft-il abandonné.

A l'égard des quatre faits auxquels on fe réduit aujourd'hui, nous avons répondu fur l'article précédent, aux deux premiers.

Quant aux deux autres. 1°. Une femme féparée de fon mari ne fut jamais un témoin reprochable.

2°. La Dame de la Godiniere a été accufée, mais non pas condamnée.

3°. Quand on adopteroit le reproche d'inconduite que Madame de Saint-Vincent ofe faire à ces deux Dames, il n'en réfulteroit point un reproche valable. Il ne feroit pas fort étonnant, que Madame de Saint-Vincent, enfermée elle-même pour inconduite, eût préféré dans le Couvent la fociété de femmes tarées du même reproche, & qu'elle eût choifi de pareilles confidentes. Ce feroient des témoins néceffaires.

C'eft ici le lieu de relever une des infidélités de Madame de Saint-Vincent, qui fe trouve dans fon Mémoire, à l'article de fes reproches contre Clermont, page 64. Pour établir qu'il avoit également concouru à fuborner les Dames de la Martiniere & de la Godiniere : elle lui a oppofé une vifite chez ces Dames, à laquelle elle a donné lieu elle-même, par une carte qu'elle lui avoit envoyée, fous le nom de ces Dames. Elle avance, dans fon Mémoire, intitulé Reproches : « *On l'a défié* (Clermont) *de repréfenter* » *cette carte ; il ne l'a ofé.* »

Ce fait eft faux. Le fieur Clermont après fa confrontation, tira de fon porte-feuille la carte dont il eft queftion, & demanda qu'elle fût annexée à fa confrontation, ce qui fut fait. Madame de Saint-Vincent fut tellement confondue à la vue de cette carte, qu'elle fe trouva mal, & que l'on fût obligé de lui fervir un verre d'eau. Le lendemain le fieur Vedel, lors de fa confrontation avec Clermont, demanda à voir cette carte, qui lui fut repréfentée. Comme on ne peut douter que Madame de Saint-Vincent & le fieur Vedel, ne travaillent en compagnie à leur défenfe, ce trait doit confondre la mauvaife foi qui regne dans leurs affertions refpectives.

On voit combien on doit fe défier des citations faites par Madame de Saint-Vincent, de ce qui s'eft paffé aux confrontations.

Reproches contre les Domestiques & les Serviteurs de M. le Maréchal de Richelieu.

Ces témoins n'ont été employés que pour fixer la véritable nature des relations de Madame de Saint-Vincent avec M. le Maréchal, pour démentir les faits faux, qu'elle, & son complice Vedel, articuloient. Ce font des *témoins néceffaires*, puifqu'eux feuls peuvent connoître les perfonnes qui entrent habituellement, ou non, à l'Hôtel.

Reproches contre le fieur de Maziere.

C'eft précifément parce qu'il avoit quelque relation avec M. le Maréchal, que les Emiffaires de Madame de Saint-Vincent ont voulu le féduire par l'exhibition de cette fameufe lettre, qui paroiffoit donner une caufe apparente aux billets.

Au furplus, quel reproche Madame de Saint-Vincent peut-elle lui faire ? Si elle a reconnu enfin à fa confrontation l'exiftence de cette lettre, c'eft-à-dire, le feul fait dont il eft dépofé ?

Reproches contre tous les autres témoins.

Madame de Saint-Vincent n'en reproche aucun, parce que, dit-elle, ils ne dépofent que de la *négociation* des billets, & de *circonftances indifférentes cu étrangeres.*

Nous verrons au fond, fi ces négociations, fi les circonftances qui les caractérifent, font fi indifférentes. Contentons-nous d'obferver que ces témoins font reconnus pour irréprochables.

Que réfulte-t-il donc de la difcuffion de ce Mémoire préfenté fous le titre impofant de *Reproches contre les témoins ?*

1°. Madame de Saint - Vincent y reconnoît fa plainte en fubornation *inutile*, attendu les *reproches victorieux* qu'elle propofe. C'eft-à-dire, qu'elle fe défifte adroitement d'une plainte abfurde.

2°. Cependant fes prétendus reproches ne font rien moins que *victorieux*. Ils difparoiffent auffi-tôt qu'on les approche.

La Cour doit donc commencer par rejetter tous ces reproches; Elle connoît déformais le cas qu'elle peut faire de la plainte en fubornation, il n'eft plus d'obftacle qui puiffe retarder l'examen du fond.

Les premiers Mémoires de M. le Maréchal de Richelieu fuffiroient, pour la mettre en état d'y prononcer. Une Réplique qu'il prépare fur le fond, achevera de mettre, dans tout fon jour, la double atrocité du crime qu'il pourfuit, & de la défenfe qu'on lui oppofe. *Signé* LE MARÉCHAL DE RICHELIEU.

Meffieurs { ROLLAND DE CHALLERANGE TITON DE VILLOTRAN } *Rapporteurs.*

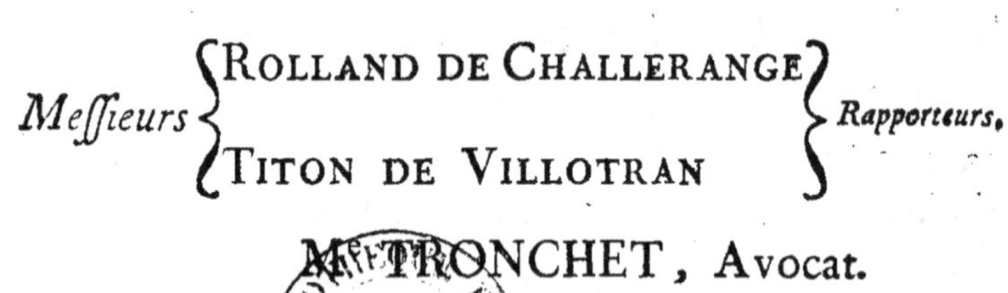

Me TRONCHET, Avocat.

DESPREZ, Procureur.

De l'Imprimerie de Louis CELLOT, rue Dauphine, 1776.

www.ingramcontent.com/pod-product-compliance
Lightning Source LLC
LaVergne TN
LVHW051328200726
843510LV00002B/560